DU ZÉRO AU HÉROS DU COMMERCE ÉLECTRONIQUE

5 étapes pour réussir à gagner des millions avec 100 dollars

Par Abraham Wright

Contenu

AVANT

Comment créer une entreprise en ligne de plusieurs millions de dollars en 5 étapes avec moins de 100 $ par mois :

Dans le paysage en constante évolution du commerce électronique, le livre d'Abraham Wright, "From Zero To E-Commerce Hero" (Du zéro au héros du commerce électronique), est un récit pratique pour les entrepreneurs à la recherche d'idées pragmatiques. Le parcours d'Abraham dans le secteur du commerce électronique donne un aperçu des principes fondamentaux nécessaires pour réussir dans ce domaine hautement compétitif.

Le livre dévoile un plan détaillé, simple et clair, et est rempli d'étapes réalisables, permettant aux aspirants entrepreneurs du commerce électronique d'atteindre un succès de plusieurs millions de dollars sans avoir besoin d'un capital substantiel.

Ces étapes comprennent l'identification d'un créneau rentable, l'établissement de partenariats avec des fournisseurs locaux, la création d'une présence en ligne convaincante, la maîtrise de l'art de la fixation des prix et la navigation efficace dans les méandres des stratégies de référencement et de marketing.

Dans un monde où le succès du commerce électronique peut sembler insaisissable, ce livre propose un récit à la fois réaliste et pratique, guidant les entrepreneurs vers un chemin qui les mènera de **zéro à un héros du commerce électronique.**

Avis de non-responsabilité :

INTRODUCTION

Un grand nombre de personnes ont pour objectif d'atteindre l'indépendance financière, afin de pouvoir se libérer des contraintes de la routine traditionnelle du travail en col bleu de 9 à 5, dans laquelle le stress de vivre d'un salaire à l'autre peut entraver le développement personnel. Le voyage vers l'autonomie financière commence généralement par la conception d'une idée et exige un travail acharné, à la fois ciblé et cohérent. La concentration est l'un des facteurs les plus importants qui déterminera le succès de cette entreprise.

Garder sa concentration implique de se débarrasser de toutes les distractions inutiles qui pourraient détourner l'attention de l'objectif que l'on s'est fixé. Dans ce livre, je vous propose un plan qui a fait ses preuves auprès d'un certain nombre de personnes ; un plan qui vous permet de vous lancer dans une aventure commerciale de plusieurs millions de dollars avec un investissement de moins de 100 dollars. Je vous présenterai ce plan afin que vous puissiez profiter de son potentiel. Cette stratégie est l'une des entreprises que j'ai rencontrées qui présente le moins de risques possible, et elle est tout à fait réalisable. Pour se lancer dans cette aventure, il suffit d'avoir accès à un ordinateur et à Internet.

Les actions décrites dans ce plan sont faciles à comprendre et simples à mettre en œuvre. Une fois que vous avez déterminé votre spécialité et trouvé un fournisseur, la charge de travail est en fait tout à fait réalisable, et vous pouvez même être en mesure de déléguer certaines responsabilités à un agent libre.

Il s'agit d'une stratégie qui a fait ses preuves et qui peut vous mettre sur la bonne voie pour atteindre votre objectif d'indépendance financière.

Étape 1 : Identifier un créneau

La détermination d'un créneau commercial est une entreprise complexe et à multiples facettes qui nécessite une recherche rigoureuse, une réflexion stratégique et une compréhension approfondie de la base de consommateurs visée. Les entrepreneurs sont tenus d'identifier les besoins non satisfaits ou les secteurs sousutilisés au sein d'une industrie et de personnaliser leurs offres pour répondre à ces désirs distincts.

Le voyage commence par une étude de marché approfondie. Les investisseurs en capital-risque sont tenus d'analyser l'environnement industriel au sens large afin d'identifier les tendances, les lacunes et les opportunités. Il est recommandé de mener des recherches sur les concurrents, les comportements des clients et les technologies émergentes ou les progrès.

Une niche prospère correspond souvent au domaine d'intérêt et de compétence de l'entrepreneur. Ceux qui sont sincèrement enthousiastes à l'égard d'un sujet sont plus enclins à s'y consacrer et à favoriser l'innovation. C'est pourquoi ils doivent se livrer à une introspection et déterminer quels sont les secteurs ou les sujets qui les captivent authentiquement.

Il est essentiel d'affiner le public visé. Les entrepreneurs doivent élaborer des profils de consommateurs détaillés afin de mieux comprendre les caractéristiques démographiques, les préférences et les difficultés rencontrées par leur clientèle potentielle. Cela permet d'adapter les services ou les produits à des besoins particuliers.

Il est essentiel de comprendre le paysage concurrentiel. Les entrepreneurs doivent évaluer les mérites et les inconvénients des participants actuels dans le segment de marché sélectionné. Cela peut faciliter l'identification des domaines dans lesquels ils possèdent des capacités exceptionnelles ou peuvent apporter une proposition de valeur distinctive.

Il est conseillé de procéder à une validation approfondie d'un concept commercial avant d'investir complètement dans une niche. Pour obtenir un retour d'information, on peut faire appel à des groupes de discussion, à des enquêtes ou même proposer un produit minimum viable (MVP) à un groupe sélectionné de consommateurs potentiels.

Après la création de l'entreprise, les propriétaires doivent constamment évaluer et affiner leurs offres en fonction des commentaires des clients. Cela garantit que les produits ou services s'adaptent afin de satisfaire les demandes changeantes du marché de niche.

Avant de se créer une niche, il faut établir une présence solide de la marque. Une identité de marque, un message et un récit uniques peuvent aider une entreprise à se différencier et à établir un lien plus profond avec son marché cible.

Un marketing de contenu efficace est essentiel pour entrer en contact avec un public cible spécifique et l'influencer. La production d'un contenu instructif, pertinent et de haute qualité peut aider une entreprise à s'imposer comme une autorité dans son secteur et à attirer de nouveaux clients.

Le développement de relations au sein de la communauté de niche peut déboucher sur des possibilités de partenariat et de collaboration. Cela pourrait permettre à l'organisation d'élargir son public et d'asseoir sa crédibilité.

Enfin, la vigilance et la flexibilité sont des qualités essentielles. La concurrence, les conditions du marché et les préférences des consommateurs sont toutes susceptibles d'être modifiées. Les entrepreneurs doivent rester vigilants face à ces tendances et être prêts à adapter leurs stratégies en conséquence.

L'exploration d'un créneau commercial nécessite une procédure continue et dynamique qui combine une connaissance approfondie, de l'enthousiasme, de la flexibilité et une étude approfondie du marché visé. L'essentiel est d'identifier les besoins non satisfaits et de développer des solutions spécialisées qui intéressent une clientèle spécifique, favorisant ainsi l'expansion et la prospérité de l'entreprise.

Il est essentiel d'identifier un créneau qui corresponde à vos préférences et à vos capacités personnelles. Si vous avez une grande passion ou un grand intérêt pour l'art, vous devriez rechercher des niches dans cette discipline. De la même manière, les personnes ayant des compétences en programmation ou une propension à la technologie devraient privilégier les segments proches de leur domaine d'expertise.

Le choix d'un domaine d'expertise correspondant à ses intérêts personnels et à ses capacités a pour but de lui permettre de se consacrer pleinement à la création d'entreprise et de s'y épanouir. Vous consacrerez naturellement une part importante de votre énergie et de votre enthousiasme au développement de votre entreprise, augmentant ainsi ses chances de réussite.

Bien qu'il soit possible de s'aventurer dans des niches sans rapport avec votre expertise ou vos intérêts, cela peut devenir de plus en plus difficile au fur et à mesure que votre entreprise se développe.

À l'époque de la ruée vers l'or, lorsque Levi Strauss a commencé à créer une entreprise de denim aux États-Unis, il a discerné une niche de marché distincte et avantageuse. Avant cette époque, la majorité des particuliers et des entreprises s'occupaient de fournir aux prospecteurs des outils et des appareils d'exploitation minière, tels que des pelles et des cartes. De manière inattendue, l'importance de développer des vêtements de travail appropriés pour les mineurs engagés dans des activités minières n'a pas fait l'objet d'une attention particulière.

Levi Strauss a fait preuve d'une clairvoyance exceptionnelle en imaginant une solution : produire des pantalons en tissu résistant qui soient à la fois fonctionnels et attrayants d'un point de vue esthétique. À son insu à l'époque, cet uniforme révolutionnaire allait devenir l'une des icônes de la mode les plus reconnaissables du XXIe siècle. Il est encore plus étonnant de constater que les pantalons Levi's ont résisté à l'obsolescence bien après la fin de la ruée vers l'or. À l'inverse, il a persévéré et a conservé son succès jusqu'à aujourd'hui, devenant une marque de vêtements et de denim durable et de renommée internationale.

À l'instar de Levi Strauss, il est impératif d'identifier son créneau avant de se lancer dans l'aventure entrepreneuriale. Il est fortement recommandé de choisir un créneau dans lequel les produits prévus sont relativement petits en taille et en poids, en particulier si votre objectif est d'établir une entreprise en ligne prospère. Il est conseillé à une jeune entreprise de s'efforcer de gérer efficacement les frais d'expédition et de tirer parti de solutions logistiques simples, telles que les petites sociétés d'expédition et les services postaux.

Bien qu'il ne soit pas impossible de commencer avec des produits volumineux ou lourds, le marché préfère généralement les articles faciles à expédier. Les articles de toilette et les produits de base sont des exemples de produits qui gagnent généralement plus rapidement en popularité dans l'environnement commercial en ligne. Néanmoins, évitez de vous préoccuper prématurément des dimensions, du volume ou du poids du produit. Définir et identifier votre créneau doit être votre objectif principal. Une fois votre niche identifiée, il vous sera plus facile de déterminer les produits les mieux adaptés à votre entreprise en ligne.

Il est essentiel d'élaborer une feuille de route commerciale complète qui aborde tous les aspects, y compris la sélection des produits, le marketing et les stratégies de vente. L'un des avantages de ce modèle d'entreprise est qu'il évite la nécessité de posséder des produits ou de s'approvisionner en gros. En outre, il n'est pas nécessaire de disposer d'un espace de stockage tangible, puisqu'il est possible d'utiliser les stocks d'un fournisseur pour répondre aux demandes des clients.

Il est possible d'utiliser la formule MAGIC comme boussole pour trouver votre créneau. MAGIC, qui signifie Cash-flow, Innovation, Awesomeness, Greatness et Money, sont autant d'éléments essentiels que votre niche doit inclure. Explorons les facettes suivantes :

Le créneau que vous choisissez doit pouvoir être rentable. Pour ce faire, analysez les éléments financiers. Quel est le chiffre d'affaires annuel, mesuré en millions ou en milliards de dollars, que les produits de votre niche génèrent ? Analysez les tendances : ces chiffres sont-ils en hausse ou en baisse ? L'argent est un indicateur révélateur de la viabilité de votre niche.

Demandez-vous si les produits de votre niche sont réellement phénoménaux. Les consommateurs les percevront-ils comme attrayants et convaincants au point de justifier un achat ? Ces produits possèdent-ils une excellence authentique et la capacité d'améliorer la vie du client ? Gardez toujours à l'esprit que les clients achètent quelque chose de valeur en échange de leur argent.

Le concept de grandeur se rapporte à la valeur que vos produits apportent. Ils doivent être distinctifs et remplir une fonction qui intéresse fortement les destinataires. Les clients sont prêts à investir dans un produit exceptionnel parce qu'il répond efficacement à leurs besoins ou résout leurs problèmes.

L'innovation est une force de transformation. Votre créneau devrait, comme au moment où Steve Jobs a dévoilé l'iPhone, contenir des éléments novateurs susceptibles de perturber le marché ou de révolutionner un secteur. Les produits innovants ont la capacité de captiver l'attention des consommateurs et d'exercer une influence durable.

Il est essentiel d'établir un flux de trésorerie durable. Les entreprises doivent rapidement générer des revenus. Les investisseurs potentiels peuvent être dissuadés d'investir, même si vous avez un concept ou un produit brillant, si le retour sur investissement prend des années à se matérialiser. Les particuliers préfèrent obtenir un retour sur investissement le plus rapidement possible. Une stratégie commerciale solide doit garantir une accumulation rapide des flux de trésorerie.

La transmission de messages par des canaux susceptibles d'atteindre un large public est un principe fondamental du marketing. Par exemple, un message tel que "America is great" (l'Amérique est grande), imprimé sur un billet d'un dollar ou sur une autre pièce de monnaie très répandue, peut toucher des millions de personnes. De la même manière, votre créneau doit avoir la capacité de susciter l'intérêt d'un large public et d'établir un lien avec lui. En conclusion, la formule MAGIC peut vous aider à identifier un segment de marché qui possède non seulement un potentiel financier, mais aussi un intérêt pour le client, une proposition de valeur, de l'innovation et un flux de trésorerie régulier, adhérant ainsi aux principes des entreprises commerciales prospères. Il est impératif d'envisager une niche de marché qui offre une grande variété de produits. Plus la variété offerte par un créneau est grande, plus la probabilité de réaliser des ventes efficaces est élevée. Bien qu'il soit possible d'établir une niche autour d'un produit unique, il est essentiel que le produit adhère à la formule MAGIC et qu'il présente des caractéristiques distinctives et novatrices.

Par exemple, au début de mon entreprise, je vendais de l'huile d'origan provenant exclusivement d'un fournisseur. Au début, l'offre de produits était solitaire. Néanmoins, en tant que nouveau produit, l'huile d'origan a continué à attirer une demande croissante de la part des consommateurs.

Ma gamme de produits s'est progressivement diversifiée pour intégrer un assortiment d'huiles essentielles. Par la suite, j'ai conclu une alliance stratégique avec un grossiste, ce qui m'a permis d'offrir à ma clientèle une sélection élargie de produits sans avoir à supporter les frais de gestion des stocks. J'ai perçu une commission en agissant comme intermédiaire et en commercialisant les produits du grossiste.

L'essentiel est qu'une niche contenant une gamme diversifiée de produits est souvent plus avantageuse. Les besoins des individus sont variés et le fonctionnement du commerce est régi par les principes de probabilité. Par rapport à un créneau proposant un seul produit, l'élargissement de votre clientèle et votre réussite sont favorisés par la fourniture de plusieurs produits.

Étape 2 : Trouver un fournisseur local

Cette étape consiste à identifier un fournisseur local pour votre créneau, disposant d'un stock moyen à important.

Après avoir identifié votre créneau, il s'agit de trouver un fournisseur approprié. Bien qu'il soit possible que votre fournisseur soit local ou international, nous nous concentrerons sur les fournisseurs locaux disposant d'un stock pour les besoins de cette discussion.

Le modèle commercial de la distribution, fréquemment utilisé par les fournisseurs internationaux, représente une opportunité intrigante et potentiellement lucrative. Néanmoins, il présente sa propre série de difficultés. Bien qu'il offre la possibilité de générer des revenus passifs, sa gestion peut s'avérer assez complexe. Il peut être difficile de résoudre les problèmes des consommateurs lorsque l'on n'a pas un accès direct aux produits en question. Des difficultés peuvent surgir lorsque l'on tente de fournir un service à la clientèle et de résoudre des problèmes dans le cadre d'un modèle d'externalisation.

Ce livre se concentre sur la collaboration avec des fournisseurs locaux qui gèrent leurs propres stocks et assurent un contrôle direct et une participation plus importante aux activités de l'entreprise.

L'idée centrale est de créer une entreprise en ligne prospère nécessitant peu de capitaux, une exposition limitée aux risques et la possibilité de réaliser des gains financiers substantiels. Au cœur de ce cadre se trouve la fonction de votre fournisseur, qui sert essentiellement de détenteur d'inventaire. Cette méthode élimine la nécessité de maintenir un inventaire tangible des produits. Inversement, vous agissez en tant qu'intermédiaire, capitalisant sur la valeur et les revenus générés par les produits de votre fournisseur. Vous et votre fournisseur bénéficiez tous deux de cette relation symbiotique, puisque vous agissez en tant que canal de vente et obtenez une partie des recettes. Les marges bénéficiaires et d'autres détails relatifs à ce partenariat seront examinés en détail dans la discussion suivante sur les stratégies de prix.

Ce paradigme commercial est élégant en raison de sa polyvalence et de son adaptabilité. La composition de vos fournisseurs peut varier en fonction des caractéristiques de votre secteur d'activité et de vos objectifs commerciaux. Il peut s'agir de prestataires de services, de boutiques artisanales, de fabricants, de grossistes ou de détaillants traditionnels. Votre niche se reflète étroitement dans le processus de sélection des fournisseurs, ce qui vous permet d'adapter votre entreprise aux exigences et aux caractéristiques spécifiques du marché que vous avez choisi.

En formant des alliances avec ces fournisseurs, vous avez accès à une série d'avantages. En voici quelques-uns :

Risque financier minimal :

L'absence d'obligations d'investissement liées à l'acquisition et au stockage des stocks réduit considérablement le risque financier. En réduisant la barrière à l'entrée pour les entrepreneurs en herbe, la perte potentielle dans le cas où l'entreprise n'aurait pas le succès escompté est atténuée.

Coût-efficacité :

Il est possible de gérer votre entreprise avec des frais administratifs minimes. Il n'est pas nécessaire d'avoir un entrepôt, une installation de stockage ou les coûts associés. Cette rentabilité augmente le potentiel de profit.

Offre de produits diversifiés :

En tirant parti des stocks variés de vos fournisseurs, vous avez la possibilité d'offrir une vaste sélection de produits ou de services qui répondent efficacement aux diverses demandes de votre population cible. La diversification permet d'attirer un plus grand nombre de clients.

Hiérarchiser les ventes et le marketing :

L'essentiel de vos efforts doit porter sur les ventes et le marketing. Sans être accaparé par la gestion des stocks, vous pouvez vous concentrer sur la promotion efficace de vos produits ou services, le développement de votre marque et l'élargissement de votre clientèle.

Capitaliser sur l'expertise :

Les fournisseurs possèdent souvent des connaissances et une expertise approfondies dans leurs domaines spécifiques. En tirant parti de leur expérience, vous pouvez affiner vos offres, avoir accès à des produits de haute qualité et acquérir des connaissances précieuses.

Évolutivité :

Vous pouvez facilement développer votre entreprise au fur et à mesure de son expansion en établissant des alliances avec des fournisseurs supplémentaires ou en élargissant votre gamme de produits et de services. L'évolutivité permet une expansion rapide tout en contournant les difficultés logistiques auxquelles sont confrontées les entreprises traditionnelles.

Fondamentalement, ce modèle commercial exploite les avantages de la spécialisation et de la collaboration, ce qui vous permet de vous concentrer sur vos compétences de base - établir des liens avec les consommateurs, promouvoir les produits et générer des revenus.

Il s'agit d'un écosystème mutuellement bénéfique dans lequel vous et vos fournisseurs pouvez prospérer ; c'est une situation gagnant-gagnant. Nous examinerons plus en détail les multiples facettes de ce modèle d'entreprise, telles que les stratégies de tarification, l'engagement des clients et la mise à l'échelle pour garantir un succès à long terme.

Supposons que vous ayez choisi le secteur de la bijouterie comme niche commerciale en ligne. À ce stade, il est opportun de trouver un fournisseur de bijoux fiable, capable d'offrir une large gamme de produits. La procédure commence par l'établissement de relations avec les fournisseurs potentiels. Il est possible de leur rendre visite, de participer à des dialogues de fond et de demander un exemplaire de leur catalogue de produits. Cet échange en personne vous permet de déterminer leur crédibilité et d'évaluer l'assortiment de bijoux qu'ils proposent.

Il est conseillé de s'enquérir de leurs produits les plus populaires au cours de vos discussions. Une compréhension des produits les plus demandés peut aider à coordonner les décisions d'inventaire avec la demande du marché.

En outre, prenez le temps d'étudier le site web du fournisseur s'il est présent en ligne. En accédant à ses produits par le biais de ce portail numérique, il est possible d'acquérir une connaissance approfondie de l'étendue de son stock et d'identifier des articles de bijouterie particuliers susceptibles d'être inclus dans une boutique en ligne.

L'examen approfondi du catalogue et de la présence en ligne du fournisseur permet d'acquérir les connaissances nécessaires pour prendre des décisions éclairées concernant les produits à présenter dans le créneau de la bijouterie. Cette phase de recherche garantit que votre commerce en ligne répond aux désirs et aux exigences de votre marché cible et jette les bases d'un partenariat prospère.

L'identification du fournisseur le plus fiable nécessite des recherches approfondies et une grande rigueur. Le fournisseur peut être comparé à un joyau inestimable découvert au cours d'une expédition entrepreneuriale. L'établissement de la confiance et le maintien de la régularité, en particulier au cours des phases initiales, dépendent de la formation d'alliances avec des fournisseurs fiables. Par conséquent, l'initiation de la recherche de fournisseurs est une entreprise cruciale.

Afin d'identifier le meilleur fournisseur, il est nécessaire d'effectuer une recherche méticuleuse. Par exemple, lorsque vous vous lancez dans une entreprise commerciale telle que la vente de compléments alimentaires, il est essentiel de discerner les détaillants les plus réputés opérant dans le secteur. Le succès de votre entreprise dépend de la fiabilité et de la qualité de votre fournisseur.

Pour lancer votre enquête, étudiez plusieurs pistes. Utilisez Google pour localiser les fournisseurs potentiels qui correspondent à votre domaine d'expertise. Examinez les périodiques pour y trouver des mentions de dirigeants de l'industrie. Renseignez-vous auprès de la chambre de commerce de votre région sur les principales entreprises du secteur. Pour identifier les fournisseurs et les détaillants qui se spécialisent dans votre créneau, consultez les pages jaunes. Il ne faut pas sous-estimer l'importance de solliciter des recommandations de la part de connaissances et de pairs, qui peuvent posséder des informations précieuses.

Une étape cruciale dans la création d'une entreprise consiste à s'assurer qu'un fournisseur dispose d'un stock physique facilement utilisable. Si vous ne tenez pas compte de cet élément essentiel, vous risquez d'entraver votre progression et de freiner votre trajectoire vers la réussite. Par conséquent, investissez le temps et l'énergie nécessaires pour identifier et établir systématiquement une relation de collaboration avec un fournisseur fiable, car il s'agit du pilier fondamental de votre projet d'entreprise.

Après s'être assuré les services d'un fournisseur fiable, l'étape suivante consiste à entamer le processus d'élaboration du catalogue. Cette procédure consiste à sélectionner avec discernement les produits à vendre dans un créneau spécifique, puis à les organiser dans un catalogue complet. Pour optimiser cette entreprise, envisagez d'utiliser une application de feuille de calcul telle qu'Excel ou Google Sheets.

Chaque produit de ce catalogue mérite une description élaborée. Il est de la plus haute importance d'expliquer la raison pour laquelle les consommateurs désirent acquérir un produit spécifique. Faites un effort supplémentaire pour améliorer la description du produit afin d'accroître son attrait, s'il en existe déjà un. Les clients ignorent souvent l'existence ou l'utilité de certains produits ; il est donc de votre responsabilité de les en informer.

Gardez à l'esprit qu'au fur et à mesure que vous élaborez votre catalogue, celui-ci servira de référence précieuse lorsque vous commencerez à construire votre site web. L'élaboration de descriptions détaillées a pour double objectif d'éclairer les acheteurs potentiels et de contribuer à l'optimisation des moteurs de recherche (SEO). Un catalogue bien organisé et contenant les mots-clés appropriés augmentera la visibilité et la proéminence de votre site web dans les recherches en ligne.

De plus, en créant ce catalogue, vous établissez effectivement votre inventaire virtuel - une collection inestimable de produits que vous n'avez pas investi un seul dollar dans l'achat. Votre action est nécessaire pour présenter cet inventaire au monde et le transformer en commerce. C'est un peu comme si vous aviez découvert un trésor personnel sur Alibaba, plein de potentiel inexploité qui ne demande qu'à être exploité et présenté à une clientèle satisfaite.

Il est important de comprendre que le processus de recherche d'un fournisseur n'exige pas que l'on soit le seul. En effet, vous avez la prérogative d'établir des partenariats avec un nombre illimité de fournisseurs, à condition qu'ils satisfassent aux normes de fiabilité et qu'ils disposent d'un stock tangible. Supposons que vous ayez décidé de vous spécialiser dans la vente de produits pour nourrissons. Dans ce cas, il est possible de s'approvisionner auprès du fournisseur X tout en étudiant les offres du fournisseur Y. Cette stratégie permet d'élargir le catalogue de produits et d'offrir aux clients une plus grande variété de choix.

Il peut arriver que vous constatiez que le fournisseur X et le fournisseur Y proposent tous deux le même produit, appelé produit P. Dans ce cas, calculez votre marge bénéficiaire en calculant le prix moyen du produit P chez les deux fournisseurs. Cette méthode garantit la compétitivité des prix sans compromettre la capacité à générer des revenus.

L'aptitude au transport d'un produit est un autre facteur critique à prendre en compte lors de la construction d'un inventaire virtuel. Certains articles, tels que les matériaux combustibles ou les compresseurs d'air, peuvent présenter des difficultés, voire des contraintes juridiques, en termes de transport aérien.

Le respect des règles de transport et la connaissance de ces limitations sont de la plus haute importance.

Gardez à l'esprit que votre inventaire en ligne s'apparente à une mine de ressources potentielles qui ne demandent qu'à être exploitées. Efforcez-vous de le construire, de l'améliorer et de le développer. Privilégier la qualité à la quantité est de la plus haute importance ; un stock trop important compromettrait la qualité de vos produits.

Il est primordial de parvenir à une activité durable et fiable, ce qui nécessite le maintien d'une approche équilibrée qui préserve les intérêts des clients et la prospérité de l'entreprise.

Après avoir identifié avec succès des fournisseurs de niche pour votre stock, il est essentiel d'introduire une structure dans vos opérations commerciales. Une méthode efficace pour y parvenir consiste à regrouper toutes les informations relatives à vos produits dans un fichier CSV (Comma-Separated Values) ou, à défaut, dans une feuille de calcul bien structurée.

La mise en œuvre de fichiers CSV permet d'optimiser considérablement la procédure lorsque l'on décide de convertir son entreprise à une plate-forme de commerce électronique.

La création de fichiers CSV est simplifiée par une variété de logiciels, y compris des programmes gratuits et open-source. Si vous utilisez des plateformes de commerce électronique telles que Shopify ou GoDaddy, ces fichiers CSV seront de la plus haute importance. Ils révolutionnent le processus de création d'une boutique en ligne en rationalisant ses opérations.

Le développement d'un site web, qui nécessitait auparavant trois à six mois, peut désormais être achevé en une à deux semaines, voire plus tôt, en fonction du niveau d'effort et du temps consacrés à la construction du site.

Étape 3 : Création ou clonage d'un site de commerce électronique

Dans cette étape, nous aborderons la construction d'un site de commerce électronique en créant votre boutique en ligne ou en reproduisant une boutique existante.

Avec l'avènement d'outils conviviaux et de technologies modernes, la création d'un site web est passée d'une tâche autrefois difficile à l'une des méthodes les plus simples pour établir une présence en ligne.

Il y a dix ans, la construction d'une plateforme de commerce électronique était une entreprise difficile et coûteuse. Aujourd'hui, il est possible de créer un site web de commerce électronique, même si l'on ne dispose pas d'une grande expertise technologique. Il est également possible de confier cette tâche à un travailleur indépendant, mais cela peut entraîner des frais allant de 100 à 1 000 dollars, en fonction des spécifications particulières que vous avez par rapport à des plateformes telles que GoDaddy ou Shopify.

Avec une connaissance de base des ordinateurs et de l'internet, la création d'un site web n'est pas une entreprise excessivement difficile.

Nom de domaine :

Pour commencer, vous aurez besoin d'un nom de domaine pour votre site web.

Il est essentiel de choisir un nom de domaine mémorable et attrayant, car cela augmentera la découvrabilité de votre site web lorsque Google l'indexera pour Google Analytics. Un nom mémorable est un atout pour les efforts de marketing. Qui pourrait oublier des noms de domaine tels que business.com ou amazon.com ?

Incroyablement, le nom de domaine business.com a été vendu pour la somme substantielle d'un million de dollars, sans aucun site web associé.

Commencez le processus de développement de votre site web en recherchant un nom de domaine mémorable et succinct qui reflète précisément votre domaine d'expertise. Veillez à ce qu'il soit succinct, captivant et digne d'intérêt. Après avoir trouvé le nom idéal, vérifiez s'il est disponible à l'achat. Le coût annuel de l'enregistrement d'un nom de domaine varie entre 9,99 et 15 dollars. Hostinger et GoDaddy font partie des nombreuses sociétés qui proposent l'enregistrement de noms de domaine.

Shopify, une plateforme largement reconnue pour ses fonctions intuitives de développement de sites de commerce électronique, offre également la possibilité d'enregistrer un nom de domaine. En plus de ses concurrents, GoDaddy propose un générateur de commerce électronique plus économique et plus compétitif que Shopify. Ces plateformes de commerce électronique éliminent la nécessité d'une expertise en matière de codage ou de programmation afin de faciliter la création de sites web.

Plateformes de commerce électronique :

Après avoir obtenu un nom de domaine pour votre entreprise en ligne, vous pouvez procéder au développement de votre site web de commerce électronique. Il existe trois approches simples pour créer un site web de commerce électronique, la plus directe étant l'utilisation d'une plateforme préconstruite telle que Shopify. Cette plateforme vous offre l'autonomie nécessaire pour développer efficacement et rapidement votre site web de commerce électronique.

Fichier de valeurs séparées par des virgules (CSV) :

Il suffit d'importer dans la plate-forme le fichier CSV (Comma-Separated Values) que vous avez créé. C'est pourquoi, à l'étape 2, j'ai insisté sur l'importance de construire un catalogue d'inventaire bien organisé.

La mise en place de ce catalogue simplifiera considérablement le processus de développement de votre entreprise en ligne, Shopify prenant en charge la majorité des tâches à forte intensité de main-d'œuvre. Votre principale responsabilité consiste à ajouter vos produits à votre site web.

Pour ceux qui ne connaissent pas l'expression "exportation", il s'agit du processus de transfert de données d'un emplacement ou d'un format à un autre, par exemple les informations sur vos produits contenues dans un fichier CSV.

L'exportation, dans ce contexte, consiste à transférer les informations de votre catalogue d'inventaire vers la plateforme Shopify, ce qui facilite l'intégration transparente de vos produits sur votre site web de commerce électronique. Grâce à cette approche rationalisée, vous pouvez consacrer du temps et de l'énergie à la construction de votre boutique en ligne.

Si votre site web contient un nombre relativement faible de produits, il peut être inutile de générer un fichier CSV ; vous pouvez saisir les articles manuellement. Shopify propose une période d'essai gratuite d'un mois, au cours de laquelle vous disposez de suffisamment de temps pour ajouter ou importer manuellement tous vos produits à partir du fichier CSV. De même, la plateforme de commerce électronique de GoDaddy propose une période d'essai gratuite au cours de laquelle les produits peuvent être configurés.

OpenCart est une alternative économique à Shopify et GoDaddy. OpenCart est une plateforme de commerce électronique qui permet de développer des sites web d'achat à code source ouvert. Le paiement de l'hébergement est la seule exigence ; les prix varient de 2,99 $ à 30 $ par mois, en fonction des besoins de l'utilisateur en matière de consommation de données. J'aimerais suggérer Shopify, dont l'hébergement est inclus dans le forfait mensuel. Après un essai gratuit d'un mois, leur plan le plus abordable coûte 51 $ par mois après les trois premiers mois facturés à 1 $ par mois.

Au départ, un plan coûteux n'est peut-être pas indispensable ; on peut opter pour une mise à niveau au fur et à mesure de l'augmentation du volume des ventes. En outre, GoDaddy est une option économique.

Thèmes de la boutique :

Il est essentiel, avant de commencer le développement de votre site web, de choisir un thème approprié pour votre magasin. Il existe une grande variété de thèmes disponibles pour votre niche, dont certains sont gratuits et d'autres payants. De nombreux thèmes gratuits sont plus que suffisants pour un site web.

Shopify propose un système de paiement intégré pour le traitement des paiements, ce qui nécessite de relier vos informations financières à votre site web. Shopify propose également des solutions en matière de logistique. L'intégration des transporteurs nationaux et privés dans la plateforme Shopify est transparente, à l'image de celle de GoDaddy.

En revanche, dans le cas d'OpenCart, l'acquisition d'une clé API ou d'un code pour intégrer leurs systèmes dans votre plateforme de commerce électronique nécessite que vous entamiez une communication avec les transporteurs.

GoDaddy et Shopify offrent tous deux la possibilité d'employer leurs propres spécialistes pour vous aider à développer votre site web. Nous ne nous attarderons toutefois pas sur ces services, car le présent ouvrage se concentre sur la création d'une entreprise prospère à partir d'un investissement de 50 dollars. En revanche, vous pouvez faire appel à des indépendants sur d'autres plateformes, telles que GoDaddy ou Shopify, qui proposent souvent des tarifs plus compétitifs et peuvent posséder une grande expertise en matière de développement de sites web.

Bien que Shopify et GoDaddy soient des alternatives louables, il est important de reconnaître qu'il existe également d'autres choix viables. Certaines entreprises choisissent d'utiliser la plateforme WooCommerce, en particulier si elles possèdent une expérience préalable dans le développement de sites web WordPress. En s'intégrant parfaitement aux thèmes WordPress, WooCommerce offre une option supplémentaire pour le développement d'un site web de commerce électronique.

Il est essentiel de garder à l'esprit que le processus de développement d'un site web de commerce électronique est devenu extraordinairement pratique dans l'environnement numérique actuel. Il est essentiel de rester concentré et d'opter pour la plateforme qui correspond à ses compétences et à son niveau d'aisance. Si vous possédez une expérience préalable dans le développement de sites web WordPress, WooCommerce peut s'avérer être un excellent choix.

Le clonage :

Il existe une opportunité astucieuse de dupliquer rapidement un site web de commerce électronique établi appartenant à votre fournisseur par le biais du processus de réplication. L'utilisation d'un logiciel de collecte de données sur le web permet de produire efficacement un fichier CSV contenant toutes les informations requises. Ce fichier peut ensuite être exporté vers une plateforme de commerce électronique indépendante. Prenons l'exemple d'un fournisseur qui dispose d'un catalogue en ligne complet comprenant plus d'un millier de produits. En utilisant un scraper web, il est possible d'extraire ces données sans effort et de construire son inventaire.

En l'absence d'expertise juridique, il est généralement permis d'utiliser des logiciels tels que les "web scrapers" à cette fin. Pour injecter un peu de créativité dans votre site web, vous pouvez ensuite réviser les descriptions de produits à l'aide de Quillbot ou d'autres ressources complémentaires.

L'un des avantages de l'utilisation de scanners web est la possibilité de développer rapidement un site web de commerce électronique, même si le site contient une quantité substantielle de produits, pouvant atteindre des millions. Une fois la procédure d'extraction terminée et le fichier CSV généré, il suffit d'exporter les données vers la plateforme de commerce électronique choisie (Shopify, GoDaddy, OpenCart, etc.). Votre site web est maintenant opérationnel.

Créer une boutique en ligne pour exposer des produits spécialisés à une base de consommateurs potentiellement vaste de millions ou de milliards de personnes est l'objectif principal, que l'on choisisse de développer un site web personnalisé ou de reproduire un site existant. C'est là l'enchantement de l'internet : il offre une opportunité de marketing extraordinaire.

Des entreprises de commerce électronique de premier plan telles que Shein, qui a débuté comme une modeste boutique en ligne spécialisée dans les robes de mariée, et Amazon, qui a vu le jour dans un garage, se sont rapidement développées pour devenir des secteurs pesant plusieurs milliards de dollars. Vous disposez aujourd'hui de la même opportunité grâce à l'internet.

Obtenir ce qui nécessitait auparavant des centaines de milliers de dollars de prêts et de financements pour les entreprises peut désormais se faire pour seulement 51 dollars par mois, en fonction de la plateforme de commerce électronique choisie. Grâce au caractère abordable et à l'accessibilité des entreprises en ligne, les entrepreneurs en herbe peuvent désormais atteindre un public mondial avec une mise de fonds minimale.

Ces plateformes de commerce électronique proposent des forums et des didacticiels vidéo qui font de l'apprentissage de la création d'un site web un processus simple, même si vous vous sentez d'abord dépassé. Il est important de garder à l'esprit que la meilleure façon de surmonter les difficultés est de les aborder de front et de persévérer.

Dès que vous avez terminé la création de votre site web, il est primordial de vérifier qu'il contient des descriptions correctes et des informations exhaustives sur votre entreprise.

"À propos de nous"

Lorsque les clients se rendent sur votre plateforme web, ils doivent pouvoir rapidement déterminer qui vous êtes, comment vous contacter et quelle est l'histoire de votre entreprise. Vous devez accorder une attention particulière à la rubrique "À propos de nous" de votre site web, car c'est l'endroit où vous pouvez présenter des informations sur l'historique, les valeurs et les objectifs de votre entreprise.

La confiance accordée à votre site web augmentera en conséquence directe de l'ouverture et de la transparence dont vous avez fait preuve.

Il est important de garder à l'esprit que le fait que votre entreprise opère dans un environnement virtuel n'est pas une raison pour cacher ses activités aux yeux du public.

Au contraire, vous devez vous efforcer d'être ouvert et honnête avec vos clients au sujet de votre entreprise afin de gagner leur confiance.

Enregistrement de votre entreprise :

Vous devez également réfléchir à l'importance de l'enregistrement officiel de votre entreprise. Dans les premières phases de votre activité, ce n'est peut-être pas une priorité absolue pour vous.

Cela est d'autant plus vrai qu'il est possible que vous n'ayez aucune dette fiscale la première année si votre entreprise n'a pas atteint un certain seuil de revenus.

Considérations fiscales :

En revanche, dès que votre entreprise commence à prendre de l'ampleur, il est absolument nécessaire de l'enregistrer et d'obtenir un numéro d'identification fiscale.

Lorsque vous travaillerez avec un comptable ou que vous serez confronté à d'autres problèmes fiscaux à l'avenir, cette étape se révélera très utile.

<u>Étape 4 : Fixer le bon prix</u> :

Dans cette étape, nous discuterons de la stratégie de fixation des prix et nous apprendrons à fixer des prix compétitifs et rentables.

La fixation des prix est un déterminant essentiel de la rentabilité de votre entreprise. Il est essentiel de garder à l'esprit que l'objectif est de créer une entreprise rentable, et non une entreprise philanthropique, ce qui nécessite un investissement financier minimal et un degré de risque quasi inexistant.

Il est donc essentiel de fixer des prix appropriés pour vos produits. Votre stratégie de prix doit être en accord avec les marges bénéficiaires que vous envisagez, le nombre et la variété des produits que vous offrez et votre niche.

Il est particulièrement important d'éviter de gonfler les prix lorsqu'un fournisseur propose des produits identiques à la vente en ligne. Il est essentiel de trouver un équilibre entre rentabilité et compétitivité.

Supposons par exemple que vous vous procuriez 20 unités du produit X auprès de votre fournisseur au prix de 6 dollars l'unité et que vous réalisiez des ventes mensuelles de cette quantité. Il serait plus prudent de les revendre au prix de 5 $ plutôt que de les facturer 8 $. Vous réaliserez un bénéfice de 40 $ par produit vendu de cette manière.

Une inflation excessive des prix pourrait limiter les ventes mensuelles à cinq articles, ce qui donnerait un bénéfice par produit de 20 dollars au lieu des 40 dollars prévus.

L'essentiel est de commencer progressivement et de manière cohérente. Au lieu de vous préoccuper de la vitesse à laquelle vous commencerez à faire des bénéfices, concentrez-vous sur le maintien de la cohérence.

Un proverbe français dit : "L'appétit vient en mangeant".

Partenariat avec les fournisseurs :

Au fur et à mesure que votre entreprise se développe, vous pouvez envisager des partenariats potentiels avec d'autres fournisseurs que le vôtre, ce qui pourrait encore accroître vos marges bénéficiaires. Par conséquent, pour assurer le succès de votre entreprise, donnez la priorité aux opérations à faible risque, aux ventes régulières et aux stratégies de marketing efficaces.

De même, la marge bénéficiaire potentielle diffère en fonction du produit de niche. Prenons l'exemple d'une personne qui décide de se spécialiser dans la vente de produits de bijouterie, après avoir discerné son créneau et trouvé un fournisseur fiable. Dans ce cas, des produits tels qu'un pendentif en or peuvent générer des marges bénéficiaires substantielles.

Par exemple, si le prix de la bague est fixé à 500 dollars par votre fournisseur, il est concevable que vous puissiez la revendre sur votre site web dans une fourchette de 600 à 800 dollars. Il ne s'agit pas d'une inflation des prix, car les bijoux ont souvent une valeur intrinsèque et offrent des marges bénéficiaires nettement plus élevées que d'autres catégories de produits.

À l'inverse, dans le contexte de la vente de jouets pour enfants, si un jouet spécifique (appelé jouet A) est proposé par votre fournisseur au prix de 80 dollars, vous ne serez peut-être pas autorisé à le majorer de plus de 100 dollars sur votre site web. La dynamique des niches et des marchés jouant un rôle important, il n'existe pas de formule universelle pour déterminer les prix des produits. Il est extrêmement important de trouver un équilibre entre la compétitivité des prix et la rentabilité dans le contexte de son secteur d'activité.

Marges bénéficiaires :

Lorsque vous avez affaire à un stock important de produits, comme dans le cas de la vente de produits de beauté avec plus de 2000 articles provenant de vos fournisseurs, il est possible de simplifier la fixation des prix en utilisant une approche de marge basée sur le pourcentage. Une méthode efficace consiste à appliquer un pourcentage fixe de marge bénéficiaire au coût de chaque produit. Par exemple, vous pouvez décider d'une marge bénéficiaire de 15 % à ajouter au prix de revient de chaque article.

Grâce à des outils tels qu'une feuille CSV et un tableur comme Excel, vous pouvez appliquer efficacement cette formule de marge à tous vos produits. Cela simplifie considérablement le processus de fixation des prix et vous permet de déterminer rapidement le prix de vente de chaque article de votre stock.

En utilisant une marge cohérente basée sur un pourcentage pour l'ensemble de votre gamme de produits, vous rationalisez non seulement votre stratégie de tarification, mais vous vous assurez également que vos prix restent compétitifs et alignés sur vos objectifs de rentabilité. C'est un moyen efficace de maintenir la cohérence des prix tout en gérant un catalogue de produits vaste et diversifié.

La tarification des produits de beauté, qui se composent généralement de plus de 2 000 articles provenant de fournisseurs, peut être plus facilement gérée grâce à la mise en œuvre d'une stratégie de marge basée sur le pourcentage. La mise en œuvre d'un pourcentage de marge bénéficiaire fixe sur le coût de chaque produit est une approche efficace. Par exemple, on peut établir une marge bénéficiaire de 15 % qui sera ajoutée au prix de revient de l'article.

Logiciel de tableur :

En utilisant des tableurs tels qu'Excel et des feuilles CSV, il est possible d'appliquer efficacement cette formule de marge à tous les produits. Cela simplifie grandement la procédure de fixation des prix et vous permet de déterminer efficacement le prix de vente de chaque article de votre stock.

En appliquant une marge uniforme basée sur un pourcentage à l'ensemble de votre gamme de produits, vous vous assurez que vos prix restent compétitifs et conformes à vos objectifs de profit, tout en rationalisant votre stratégie de prix. Tout en gérant un assortiment de produits vaste et varié, cette méthode garantit efficacement l'uniformité des prix.

Au fil du temps, à mesure que vous obtenez des informations sur les performances de vos produits, vous pouvez prendre des décisions éclairées sur l'adaptation des prix.

Supposons, par exemple, que vous ayez un produit qui se vend bien, le produit X, et que vous en vendiez régulièrement 1 000 unités par mois.

Après analyse, vous découvrez qu'en offrant des coupons ou en appliquant des réductions, les ventes de ce produit pourraient potentiellement augmenter de 8 à 10 fois son volume actuel.

Dans un tel scénario, il devient logique de réduire le prix du produit X afin de profiter de cette demande accrue et d'augmenter les ventes de manière significative.

Pour obtenir des informations précieuses sur l'élaboration d'une stratégie de tarification efficace, je vous recommande de consulter les ouvrages d'Alex Hormozi.

Étape 5 : Stratégies de référencement et de marketing

Alors que ce guide touche à sa fin, il est essentiel de souligner que la création d'une entreprise de commerce électronique n'est qu'un début.

Même si votre site web est opérationnel et accepte des commandes, il est toujours nécessaire de s'assurer qu'il est découvrable et visible afin de générer des ventes.

L'optimisation des moteurs de recherche (SEO) est un facteur important dans ce contexte. En intégrant judicieusement des mots-clés dans les métabalises et les descriptions de votre site web, vous augmentez considérablement vos chances d'obtenir un classement élevé dans les résultats de recherche de Google.

Mots-clés :

Lorsqu'un utilisateur saisit un mot-clé associé à vos produits, la probabilité que votre site web apparaisse dans les résultats de la recherche augmente.

Le positionnement précis des métabalises et des descriptions est essentiel au succès du référencement. En outre, Shopify propose un instrument pratique d'intelligence artificielle (IA) qui peut aider à la création de méta-descriptions. Quelques mots rudimentaires suffisent à cet outil d'intelligence artificielle pour générer des descriptions captivantes.

Des images de haute qualité de vos produits sont tout aussi importantes. Vous devrez vous procurer des images sur l'internet ou auprès de vos fournisseurs si ceux-ci ne vous les fournissent pas. Il est pratiquement impossible de vendre un produit en ligne sans l'accompagner d'une image, étant donné le rôle essentiel que jouent les visuels pour attirer et séduire les clients potentiels.

Dropshipping :

Lorsque l'on pratique l'expédition directe, que l'on introduit un nouveau produit ou que l'on établit une présence en ligne pour un magasin physique, on est confronté à un problème de taille : comment garantir que les consommateurs sont en mesure de localiser le magasin en ligne ?

Les personnes qui découvrent votre plateforme de commerce électronique par le biais d'un moteur de recherche se renseignent généralement sur des produits comparables, ce qui augmente la probabilité d'une transaction réussie. En recourant à l'optimisation des moteurs de recherche (SEO), vous pouvez améliorer la visibilité de votre boutique en ligne et augmenter la probabilité que les consommateurs potentiels trouvent vos produits dans les résultats des moteurs de recherche.

Les personnes qui recherchent des informations sur l'internet commencent souvent par utiliser des moteurs de recherche bien connus comme Google ou Bing.

Ces moteurs de recherche sont censés filtrer les différents éléments que l'on peut trouver sur les sites web et générer une liste de résultats classés en fonction des requêtes de recherche exactes qui ont été saisies. Ils déterminent d'abord les sites web qui ont le plus de chances d'être pertinents par rapport à la requête de recherche, puis ils fournissent les résultats dans l'ordre de pertinence.

Résultats de la recherche :

La proéminence de votre boutique en ligne dans les résultats de recherche peut être affectée par un certain nombre de facteurs, dont les suivants :

- Le pourcentage du trafic total d'un site web qui provient de sources non rémunérées ou organiques, telles que les médias sociaux ou d'autres sites web, qui renvoient à la vitrine du site web.

- L'autorité de votre site web, mesurée par des aspects tels que le niveau d'engagement des utilisateurs et d'autres indicateurs pertinents.

- Le nombre d'années pendant lesquelles vous avez possédé votre nom de domaine.

- La structure et le contenu de votre site web sont améliorés afin d'être plus conviviaux pour les moteurs de recherche.

Il peut être difficile pour ceux qui débutent dans le monde de la vente au détail en ligne d'avoir un impact immédiat sur les trois premiers éléments.

Le développement d'une réputation positive pour votre entreprise demande du temps et des efforts constants, tout comme l'obtention de liens retour d'autres sites web. En revanche, grâce à votre stratégie de contenu, vous pouvez planifier votre réussite à long terme.

Optimiser votre contenu pour le rendre plus identifiable par les moteurs de recherche par rapport aux recherches liées à vos produits est l'approche la plus accessible pour apporter plus de trafic à votre boutique en ligne à court terme. Cela vous aidera à vendre davantage de produits en ligne.

Cette méthode est généralement appelée "SEO", ce qui signifie "search engine optimization" (optimisation pour les moteurs de recherche).

Pour améliorer l'optimisation des moteurs de recherche d'un site web pour une boutique en ligne, quelques stratégies fondamentales doivent être utilisées.

Plusieurs exemples de ces stratégies sont présentés ci-après :

Découvrez les mots et expressions que les consommateurs saisissent dans les moteurs de recherche pour trouver des biens et services similaires aux vôtres, puis exploitez-les. Quels sont les termes de recherche les plus efficaces pour inciter les clients à faire des achats dans votre établissement ?

Création de contenu :

Lorsque vous créez le contenu de votre site web, il est important de ne pas oublier d'ajouter des mots-clés pertinents à des endroits stratégiques tels que les titres des pages, les méta-descriptions et le texte alt des images.

Il est de la plus haute importance de vérifier que les URL et les identifiants de fichiers correspondent exactement au contenu affiché à l'écran.

En ajoutant l'ensemble du domaine à Google Search Console, vous pouvez augmenter les taux d'exploration et d'indexation du site web pour votre activité en ligne.

Blogs :

L'intégration d'informations provenant d'un blog dans un site web est un moyen supplémentaire et efficace d'augmenter le trafic organique vers un site web.

Cette stratégie a le potentiel d'augmenter la quantité de trafic organique envoyé vers un site web sur une période prolongée, ce qui peut en fin de compte conduire à une augmentation des ventes. Les outils de publication de blogs et de génération de contenu inclus dans la majorité des plateformes de commerce électronique peuvent être utilisés efficacement à diverses fins.

Tout comme l'entretien de votre blog et l'optimisation de votre site web pour les moteurs de recherche sont essentiels, le marketing est l'un des facteurs les plus importants qui détermineront le succès de votre boutique en ligne.

La stratégie de marketing la plus efficace est généralement celle dont l'exécution nécessite le moins de ressources financières tout en permettant d'obtenir les résultats souhaités.

La diffusion de messages sur des plateformes de médias sociaux auto-établies en rapport avec l'entreprise et les produits qu'elle vend est une méthode réalisable qui peut être utilisée pour lancer des tentatives de marketing.

Médias sociaux :

La création de pages dédiées sur des plateformes de médias sociaux bien connues telles que Facebook et Instagram peut être une méthode efficace pour faire connaître aux clients potentiels les offres de votre entreprise et accroître la notoriété de la marque.

En outre, vous devriez réfléchir à la création d'une chaîne YouTube. Vos listes de produits seront vues par un plus grand nombre de personnes si vous les partagez de manière réfléchie sur des groupes Facebook correspondant à votre public cible, ainsi que sur des sites web spécialisés dans les petites annonces gratuites qui s'adressent à votre secteur de marché particulier.

Marketing :

Il est recommandé de réfléchir à la fabrication de cartes de visite contenant un bref résumé de votre entreprise ainsi que l'adresse URL de votre boutique en ligne. Vous pourrez ainsi offrir ces cartes à toutes les personnes avec lesquelles vous entrerez en contact.

En outre, il est vivement recommandé de réfléchir à la possibilité d'afficher des dépliants et d'autres documents promotionnels de votre organisation sur les tableaux d'affichage que l'on trouve généralement sur les campus universitaires.

Le marketing jouant un rôle crucial dans l'acquisition et la fidélisation d'une clientèle plus large, il est essentiel de mettre l'accent sur cette facette de l'entreprise. Il est essentiel de garder à l'esprit que le succès des efforts de marketing peut avoir une influence directe sur le montant des bénéfices financiers.

Si le site web d'une personne génère déjà des revenus, elle devrait réfléchir à la possibilité de réinvestir une partie de cet argent dans d'autres formes d'activités de marketing si elle veut continuer à développer son entreprise.

Les organisations ont désormais la capacité de déployer des activités publicitaires ciblées sur plusieurs plateformes, telles que Google Ads et

Facebook Ads, avec la liberté de personnaliser ces campagnes en fonction de leurs ressources financières.

Google et Facebook sont des exemples de ces plateformes. L'objectif principal de cet effort est d'augmenter le nombre de personnes qui connaissent votre site web et qui utilisent l'internet.

Il est conseillé d'approcher ses connaissances sans réticence et de leur demander de l'aide pour faire la publicité de son site web, tout en incitant leurs relations à s'engager dans des actions similaires.

C'est le meilleur moyen d'agir si l'on possède des connaissances qui ont une grande popularité ou de vastes réseaux. Le marketing pyramidal, malgré son apparence modeste, a la capacité de toucher un très grand nombre de personnes, qui peuvent se compter par centaines, voire par millions.

En effet, le marketing pyramidal fonctionne en encourageant les participants à recruter d'autres personnes pour participer au système.

Avantages de la fidélisation de la clientèle :

Pour encourager les clients à revenir sur votre site web, une méthode utile consiste à donner aux clients fidèles la possibilité de gagner des prix pour leur fidélité à l'entreprise en leur offrant des avantages de fidélité. Cette stratégie permet non seulement aux entreprises de conserver leurs clients existants, mais aussi d'augmenter leurs revenus et d'élargir leur clientèle.

Entonnoirs :

L'utilisation d'entonnoirs de courrier électronique est une autre tactique puissante qui devrait être prise en considération. Une stratégie de marketing connue sous le nom d'entonnoir à courriels est une technique qui a été développée expressément pour guider les consommateurs potentiels le long d'un chemin qui, à la fin, aboutit à ce que ces clients deviennent des acheteurs. Il s'agit d'une procédure méthodique qui utilise la correspondance électronique pour cultiver les prospects et les transformer en clients payants.

Les entonnoirs de courrier électronique sont constitués d'une série de courriers électroniques soigneusement élaborés et conçus pour être envoyés en séquence. Chaque courriel joue un rôle unique dans le contexte du parcours du client. L'objectif est de conduire les clients potentiels à travers une série d'étapes, en commençant par la première étape de sensibilisation et en terminant par l'étape de conversion.

Au tout début du processus de vente, les principaux objectifs sont de faire connaître la marque et de susciter l'intérêt des clients potentiels. Au fur et à mesure que le processus avance, il s'agit d'approfondir l'engagement, de susciter la curiosité, de fournir un contenu engageant et, enfin, d'encourager la conversion.

L'exécution de ces entonnoirs dépend souvent fortement de l'automatisation des communications par courrier électronique. Elle permet aux entreprises d'envoyer des communications pertinentes et opportunes à des personnes en fonction de leurs interactions avec des courriels antérieurs ou de leur comportement sur le site web.

Ces interactions peuvent être déduites de l'historique des interactions de l'individu avec des sites web ou des courriels. Les entonnoirs de courrier électronique s'efforcent d'optimiser la possibilité de transformer les prospects en acheteurs satisfaits en fournissant de bonnes informations, en répondant aux besoins et en proposant des offres de manière intelligente.

Un entonnoir à courriels est essentiellement un outil de marketing dynamique qui dirige les prospects le long d'un chemin prédéterminé. Il s'agit donc d'une stratégie efficace pour les entreprises qui souhaitent augmenter le nombre de conversions et améliorer leurs relations avec leurs clients.

CONCLUSION

En conclusion, "From Zero To E-Commerce Hero" (Du zéro au héros du commerce électronique) d'Abraham Wright est un guide pratique et réalisable pour tous ceux qui aspirent à un succès remarquable dans le monde du commerce électronique. Comme le détaillent les cinq étapes fondamentales, ce livre démystifie le parcours qui mène à la création d'une entreprise en ligne de plusieurs millions de dollars avec un budget aussi modeste que 100 dollars par mois.

Le voyage commence par "Trouver un créneau", où vous apprenez à identifier un segment de marché qui correspond parfaitement à vos objectifs commerciaux. Ensuite, "Trouver un fournisseur local" est la clé qui vous permettra d'obtenir les stocks nécessaires et de préparer le terrain pour votre entreprise de commerce électronique. La section "Créer un site de commerce électronique ou en cloner un" vous fournit les outils essentiels pour établir une présence numérique qui capte l'attention de votre public.

Une fois que les bases sont posées, vous pouvez vous plonger dans la partie "Fixer le bon prix". Vous y acquerrez les compétences nécessaires pour fixer des prix compétitifs et rentables, un élément essentiel de votre parcours vers le succès. Enfin, "Stratégie de référencement et de marketing" dévoile les stratégies et tactiques nécessaires pour promouvoir efficacement votre entreprise et améliorer votre visibilité en ligne.

Dans un monde où le commerce électronique peut être un paysage complexe et intimidant, "From Zero To E-Commerce Hero" offre un récit clair et pratique, vous guidant de zéro à héros, où la promesse de succès est tangible et le chemin éclairé.

Que vous débutiez votre parcours dans le commerce électronique ou que vous cherchiez à développer votre entreprise existante, ce livre vous permettra de saisir l'opportunité et de tracer votre voie vers le triomphe du commerce électronique. Alors, lancez-vous dans ce voyage transformateur, adoptez ces cinq étapes essentielles et écrivez votre propre histoire de réussite, de zéro à héros du commerce électronique.

La fin